1515 챌린지(하루15분 15일)를 위한 15가지 지렛대

세상의 모든 어려운 문제는 반드시 누군가에겐 쉽다. 그들에겐 공통점이 있다.
작은 힘을 가해서 큰일을 해내는 그들만의 지렛대를 갖고 있다는 점이다.
이 책은 변화와 혁신을 쉽게 해주는 지렛대 15가지를 소개하고 있다.

01. 자기규정 ● 자기 자신을 새롭게 규정하라!
02. 이유찾기 ● 변화할 수밖에 없는 이유를 찾아내라!
03. 인생목표 ● 장기적인 관점에서 로드맵을 그려보라!
04. 목적의식 ● 목표에서 생각의 끈을 놓지 마라!
05. 역산계획 ● 미래를 기점으로 현재를 선택하라!
06. 파생효과 ● 도미노처럼 이어지는 파생효과를 찾아보라!
07. 목표분할 ● 잘게 쪼개서 작게 시작하라!
08. 즉시실천 ● 결심했으면 즉시 실행하라!
09. 실험정신 ● 실패를 각오하고, 실험정신으로 도전하라!
10. 백업플랜 ● 돌발 상황을 예상하고 플랜-B를 마련하라!
11. 상황통제 ● 의지력을 시험하지 말고, 상황의 힘을 역이용하라!
12. 공개선언 ● 은밀하게 결심하지 말고, 공개적으로 선언하라!
13. 데드라인 ● 마감 시한을 앞당겨 데드라인을 재설정하라!
14. 한계돌파 ● 임계점을 가정하고 한계돌파를 시도하라!
15. 자기격려 ● 미래로 미리 가서, 현재의 자신을 격려하라!

*《15일의 기적 – 인생을 바꾸는 1515 챌린지》는 《하루 1%》의 내용을 토대로 만든 실천 워크북입니다. 15일 동안 하루 15분, 한 편의 동영상을 보고, 핵심 문장을 읽고 쓰며, 하루 한 가지씩 과제를 실천해서 변화의 기적을 체험하길 바랍니다.

1515 챌린지(하루15분 15일)를 시작하며

습관을 바꾸려면 얼마나 많은 시간이 필요할까?
맥스웰 몰츠 박사의 21일설? 필리파 랠리 교수의 66일설?
'세 살 버릇 여든까지 간다'는 80년설? 모두 틀렸다.
15일이면 충분하다.
어떤 사람은 죽을 때까지 바뀌지 않고 어떤 사람은 한순간에 달라진다.
변화에 대한 믿음이 다르기 때문이다.
인간은 한순간에 달라질 수 있다.
10년 후 미래를 떠올리며 하루 1%만 투자하라.
매일 작은 일 한 가지만 실천하라.
15일이 지나기 전에 기적처럼 달라진 자신을 만나게 된다.
헨리 포드는 이렇게 말했다.
"할 수 있다고 생각하건, 할 수 없다고 생각하건, 당신은 옳다."
1515 챌린지를 통해 기적처럼 당신 자신을 바꿀 수 있거나, 바꿀 수 없거나
그것은 순전히 당신 자신의 믿음과 실천으로 결정된다.

* 동영상은 QR코드를 스마트폰에 인식하면 볼 수 있습니다.
  모든 동영상은 유튜브 검색창에 하루1% – 변화와 혁신의 심리학 을 입력하면 볼 수 있습니다.

동영상 모두 보기

시작일 : 20   년   월   일

"꿈이 없는 사람은 슬픈 사람이다.
그러나 꿈만 있는 사람은 더 슬픈 사람이다."

 영상을 보고 기억에 남는 문장 적어보기

뭔가 해낼 수 있다는 최고의 증거는?

엄두를 내지 못하던 일도 주변의 누군가가 그 일을 해냈다는 사실을 알게 되면 도전의지가 생긴다. 그래서 철학자 러셀도 이렇게 말했다.

"우리가 뭔가 해낼 수 있다는 최고의 증거는 바로 다른 사람들이 이미 그것을 해냈다는 사실이다."

그렇다. 여러분도 주변의 누군가가 어떤 일을 해냈다는 사실을 확인하면서 그동안 시도하지 않았던 일에 도전한 적이 있을 것이다.

15일 동안 실천해보고 부족했다 생각하면 다시 15일 동안 실천하면 된다. 작은 한 가지라도 실천하다 보면 여러분도 누군가에게 최고의 증거가 되어 있을 것이다.

20   년   월   일

자기 자신을
새롭게 규정하라!

 영상을 보고 기억에 남는 문장 적어보기

📢 아래 단락을 소리 내어 읽기

| 지렛대 01 | **자기규정**

자기규정이 달라지면 우리의 행동은 그 새로운 정체성(identity)을 뒷받침하기 위해 자동적으로 바뀌게 된다. 변화를 원한다면 자기 자신과 자기가 하는 일을 다르게 규정해야 한다. 실천달인이 되고 싶은가? '결심하면 반드시 실천하는 사람'이라고 자신을 새롭게 규정하자!

의식하진 못해도 우리의 정신 속에 깊이 박혀 우리의 태도와 행동을 지배하는 그 무엇이 있다. 자신에 대한 규정이다. 자신에 대한 믿음은 태도와 행동을 결정하고, 나아가 운명까지 결정하게 되는데, 이를 '자기규정효과'라고 한다. 성공하는 개인과 기업은 자기규정부터 다르다. 지금까지와는 다른 사람이 되고 싶은가? 그렇다면 자신을 다르게 규정해야 한다. 위대한 사람도 초라한 사람도 모두 자신에 대한 생각이 만든다.

자신의 능력을 '과소평가' 하지 마라...

자신을 규정짓는 '끈'의 길이는 생각보다 더 길지 모른다...

실천사례

아~! 미치겠다!
나 정말 훌륭한 작가인데!

나도 한때 문학소녀였는데, 언제부터인가 부엌데기로 늙어가고 있었다. 이 울타리를 걷어내고 나 자신을 새롭게 규정하기로 했다. '나는 나이 마흔에 글쓰기를 시작했지만 수많은 독자에게 희망이 되고 위로가 되어주는 시인이고, 멋진 시화집으로 베스트셀러를 낼 작가다.' 이렇게 규정하니까 이런저런 생각이 내 안에서 소용돌이친다. '아~ 미치겠다! 진짠데, 나 정말 훌륭한 작가인데! 나 혼자 나를 알면 아까운데, 이걸 어쩌지? 기분이 우쭐해지고 뭐든 할 수 있을 것 같다. 정말 행복하다 (솔직히 조금 쑥스럽다. 미친 거 아냐? 그래, 미쳤다. 미쳐야 미치니까).' 전철 안에서도 이런 생각을 한다. '아직 나를 알아보지 못하는 이 사람들. 당신들은 지금 머지않아 베스트셀러 작가가 될 사람 옆에 서 계신 겁니다.' 오늘도 나는 벽에 다음과 같은 글을 써서 붙이고 열심히 글쓰기를 하고 있다. '브라질에 영혼을 노래하는 작가 파울로 코엘료가 있다면 한국에는 감성을 깨우는 작가 ○○○이 있다. 그의 글과 그림에는 영혼이 꿈틀댄다. 그는 바람처럼 자유로운 작가다.' 자신을 다르게 규정하는 것만으로 이렇게나 많은 것이 달라지다니! 글쓰기를 시작하면서 남편과 아이들을 대하는 태도도 달라졌다. TV를 보지 않고도 얼마든지 살 수 있다.

> 사람들은 저마다 자기 안에
> 수용소를 갖고 있다.
> **- 빅터 프랭클**

Q 다른 삶을 살고 싶다면 자기 자신을 다르게 규정해야 한다.
지금까지 나는 어떤 사람이었고, 지금부터 나는 어떤 사람인가?

A 소감 및 변화

지금까지 나는 _____ 사람이었다.
지금부터 나는 _____ 사람이다.

20   년   월   일

변화할 수밖에 없는
이유를 찾아내라!

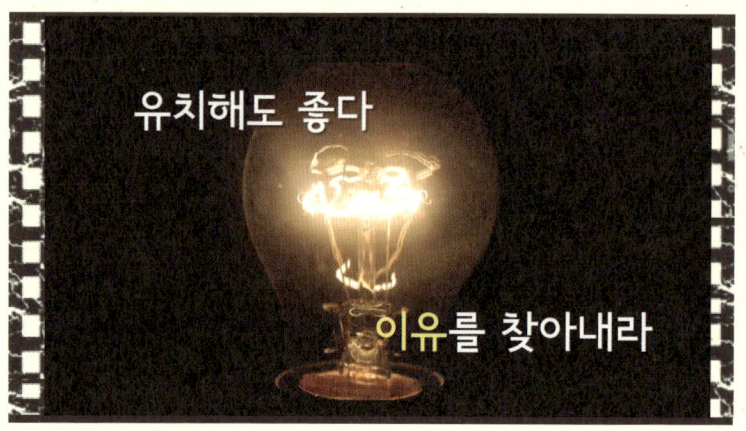

유치해도 좋다
이유를 찾아내라

 영상을 보고 기억에 남는 문장 적어보기

 아래 단락을 소리 내어 읽기

| 지렛대 02 | **이유찾기**

인간은 이유를 찾는 존재다. 변화를 원하면서도 아직 달라지지 않고 있다면 그건 의지력의 문제가 아니다. 변화에 따르는 고통과 치러야 할 대가를 기꺼이 감수할 수 있는 이유를 아직 찾아내지 못했기 때문이다. 달라지고 싶은가? 기꺼이 달라지고 싶은 이유를 찾아내자!

인간은 이유를 찾는 존재다. 해야 할 이유를 찾아내기만 하면 그 어떤 것도 실천할 수 있다. 변화를 원하면서도 제대로 실천하지 못하고 있는가? 그렇다면 아직 제대로 된 이유를 찾아내지 못했기 때문이다. 정말로 달라지고 싶은가? 그렇다면, '하면 좋고 안 해도 그만'인 그런 어정쩡한 이유가 아니라, 유치해도 좋으니 절박한 이유, 어떻게 해서든 실천할 수밖에 없는 제대로 된 이유를 찾아내면 된다. 상대방을 변화시키고 싶은가? 그렇다면 상대방의 입장에서 제대로 된 이유를 제공하기만 하면 된다.

동창생의 비웃는 표정과
비아냥거리는 말투 때문에…

"너 화장품 파는구나? 학교 다닐 땐 공부도 잘하고 똑똑했는데. 그런 일 말고 좀 괜찮은 일을 해보지 그러니?" 얼마나 부끄러웠던지, 길을 걸을 때도, 밥을 먹을 때도, 잠을 자다가도 그 친구의 눈빛과 표정, 말투가 문득 문득 떠올랐습니다. 그럴 때마다 너무 속이 상하고 화가 났습니다. 하지만 어느 날 문득 그 친구는 까맣게 잊고 있을 일로 나만 부글부글 속을 끓이고 있다면, 그건 그 친구가 내 소중한 인생을 좌지우지하도록 허락하는 것과 같다는 생각이 들었습니다. 친구에 대한 최고의 복수는 그가 틀렸음을 증명하는 것이라 생각했습니다. 반드시 성공해야 할 이유를 찾아낸 것입니다. 그날부터 책을 읽고, 강의를 찾아다니며 듣고, 최고의 성과를 내는 사람들을 만나면서 화장품과 마케팅에 대한 공부를 누구보다 열심히 했습니다. 지금은 팀에서 가장 많은 수입을 올리는 직원이 되었습니다. 그리고 또 한 가지가 있습니다. 마케팅을 체계적으로 공부하기 위해 야간에 공부하는 마케팅 대학원에 입학했습니다. 앞으로 10년 안에, 그저 평범한 주부로만 지내고 있는 그 친구는 나를 엄청 부러워하게 될 것입니다. 돌이켜보니, 자신을 동기화시키는 데 굴욕감보다 더 큰 에너지는 없는 것 같습니다.

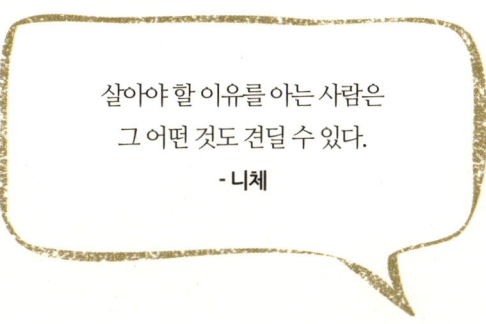

살아야 할 이유를 아는 사람은
그 어떤 것도 견딜 수 있다.
- 니체

Q 반드시 실천하고 싶은 결심 한 가지를 찾아보자. 그 결심을 실천할 수밖에 없도록 만들 제대로 된 이유는 무엇인가?

A 소감 및 변화

장기적인 관점에서
로드맵을 그려보라!

영상을 보고 기억에 남는 문장 적어보기

_____

 아래 단락을 소리 내어 읽기

| 지렛대 03 | **인생목표**

목표가 만들어지면 모든 것이 달라진다. 만나는 사람도 달라지고 자주 가는 곳도 달라진다. 길을 바꾸는 가장 좋은 방법은 목적지를 바꾸는 것이고, 행동을 바꾸는 가장 빠른 방법은 인생 로드맵을 그려보는 것이다. 인생목표를 설정하고 로드맵을 그려보자!

길을 바꾸는 가장 빠른 방법은 목적지를 바꾸는 것이다. 방황하지 않는 삶을 살아갈 수 있는 가장 효과적인 방법은 이루고 싶은 꿈, 달성하고 싶은 인생목표를 찾아 인생 로드맵을 그려보는 것이다. 목표가 만들어지면 모든 것이 달라진다. 만나고 생각하는 사람이 달라진다. 자주 가는 곳도 달라지고, 방문하는 웹사이트나 즐겨보는 방송과 신문기사도 달라진다. 목표는 사람이 만들지만 일단 목표가 만들어지면 목표가 사람을 이끌기 때문이다. 죽기 전에 이루고 싶은 꿈은 무엇이고, 그 꿈을 이루기 위해 지금부터 해야 할 일은 무엇인가?

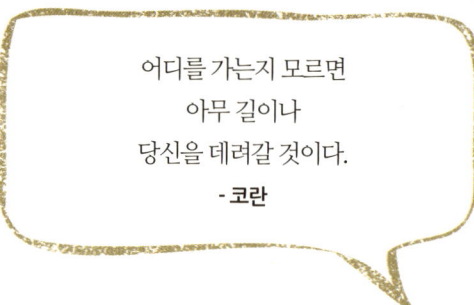

Q 죽기 전에 반드시 이루고 싶은 나의 꿈, 인생목표는 무엇이며, 그것을 이루기 위해 거쳐야 하는 징검다리 목표들은 무엇인가?

A 소감 및 변화

인생 로드맵 그리기

- 로드맵에 꼭 들어가야 할 것 1. 현재 상태 2. 최종 목표 3. 징검다리 목표
- 목표 달성을 위해 지금 당장 해야 할 일 적어보기

목표에서
생각의 끈을 놓지 마라!

 영상을 보고 기억에 남는 문장 적어보기

 아래 단락을 소리 내어 읽기

| 지렛대 04 | **목적의식**

모든 구기 종목의 행동강령 1호는 '공에서 눈을 떼지 마라'이다. 장애물이 눈에 띄는 것은 목표에서 눈을 뗐기 때문이다. 생각하고, 생각하고, 또 생각하다 보면 방법을 찾게 된다. 실천하고, 실천하고, 또 실천하다 보면 반드시 이루게 된다. 목표에서 눈을 떼지 말자!

누군가 뉴턴에게 어떻게 만유인력을 발견했냐고 물었을 때 그는 이렇게 짤막하게 대답했다. "내내 그 생각만 했으니까요." 아인슈타인 역시 똑같은 말을 했다. "나는 몇 달이고 몇 년이고 생각하고 또 생각한다." 눈에 띄는 성과를 낸 사람은 자기가 하고자 하는 일에서 생각의 끈을 놓지 않는다. 목표에서 눈을 떼지 말자! 어디서 무슨 일을 하든 그 일을 목표와 관련시키고, 목표에서 생각의 끈을 놓지 말자. 원하는 것이 무엇인가? 그것을 얻기 위해 하루 몇 시간이나 그와 관련된 생각을 하는가? 세상에 꾸준함만큼 무서운 것은 없다.

목표를 성취하려거든 '생각의 끈'을 놓지 마라...

토익 만점을 받기 위해…

틈만 나면 친구들과 쓸데없는 문자나 SNS, 전화 통화, 안 잡아도 될 저녁 약속 등을 했다. 영어 공부 열심히 해서 자기만의 철학이 있는 국제적인 세일즈맨으로 성공하겠다고 입버릇처럼 말하지만 몸은 180도 다른 행동을 하는 나 자신을 목격한다. 이번 연말까지 토익 만점을 받겠다는 목표를 세웠다. 학원에 등록할까 생각했지만 우선 학기 말까지는 스스로 공부하는 습관을 들여보기로 했다. 토익 책 한 권을 사서 매일 공부할 분량을 적어 책상 위에 붙여놓았다. 가방 안과 식탁 위, 침대 머리맡에도 영어 책을 놓아두었다. 궁금한 단어는 스마트폰으로 바로 찾아본다. 음악은 팝송을 중심으로 영어 노래만 듣고, 가사를 프린트해서 외운다. TV도 미국 드라마와 뉴스가 나오는 채널만을 보며, 블로그도 영어로 작성한다. 회사에서 영어를 해야 할 일이 생기면 자원해서 그 일을 맡고 있다. 그러다 보니 이제는 영어로 꿈을 꿀 때도 있다. 한 달 정도 습관을 들이다 보니 영어 실력이 부쩍 늘었을 뿐만 아니라 이제는 영어 공부가 재미있기까지 하다. 참으로 놀라운 변화다. 목표를 정하니 자나 깨나 그 생각만 하게 된다. 생각을 많이 할수록 실천도 잘되고, 결과도 좋아진다!

> 장애물이란
> 당신이 목표에서 눈을 뗐을 때
> 나타나는 것이다.
> - 핸리 포드

Q 반드시 달성하고 싶은 목표는 무엇이고, 그 목표에서 생각의 끈을 놓지 않기 위해 무엇을 어떻게 하겠는가?

A 소감 및 변화

미래를 기점으로 현재를 선택하라!

 영상을 보고 기억에 남는 문장 적어보기

 아래 단락을 소리 내어 읽기

| 지렛대 05 | **역산계획**

계획에는 순행 스케줄링과 역산 스케줄링이 있다. 평범한 사람은 현재의 관점에서 미래를 바라보면서 산다. 반면 비범한 사람은 미래를 기준점으로 지금 할 일을 선택한다. 변화의 끝을 바라보자. 그리고 역산해서 지금 할 일을 선택하자!

무슨 일을 하건 성과를 내는 사람들은 공통점이 있다. 그들은 미래를 기점으로 역산해서 지금 해야 할 일을 결정하는 역산 스케줄링의 달인들이다. 현재의 행동을 바꾸는 가장 효과적인 방법 하나는 미래를 미리 상상해보는 것이다. 종종 하던 일을 멈추고 생각할 시간을 가져보자. 목표 달성 시점에서 현재까지의 타임라인을 그어보고, 목표 달성까지 거쳐야 하는 과정을 역산해서 추적해보자. 그렇게 하면 옆길로 새기가 어렵고 목표 달성에 이르는 지름길을 찾아내기가 더욱더 쉬워진다.

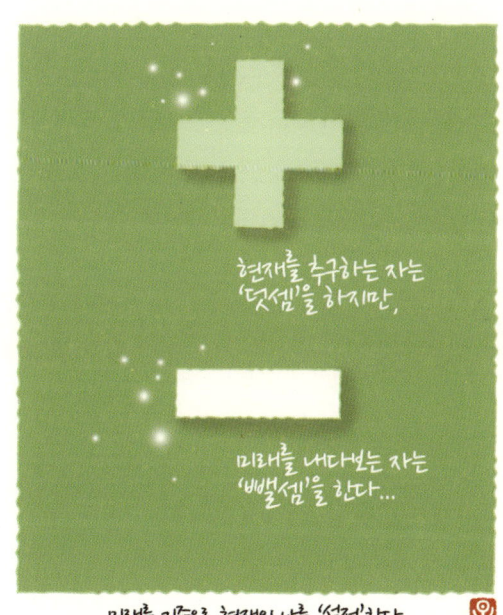

실천사례

당장 해야 할 일이 명확해졌다

나는 그동안 역산 스케줄링이라는 개념조차 알지 못했고, 그러다 보니 당연히 역산 스케줄링으로 계획을 세워본 적도 없다. 그저 오늘과 내일 열심히 살다 보면 일주일 후에는 조금 더 나아질 것이고 한 달 후, 1년 후에는 훨씬 더 나아질 것이라고 막연하게 생각하면서 살아왔다. 명확한 목표도, 이유도 없이 '그저 이렇게 열심히 살다 보면 좋은 곳에 취직하게 되지 않을까' 하는 생각으로 말이다. 그러니까 당연히 의욕이 떨어지고, 쉽게 포기해서 자잘한 목표도 제대로 달성하지 못하는 삶을 살아왔다. 역산 스케줄링을 공부하고, 편의점 사업을 하겠다는 목표를 세웠다. 사업을 하려면 먼저 편의점 회사에 취업해서 공부를 해야 한다. 취업을 하려면 면접에 합격해야 한다. 합격하려면 경쟁자들과 차별화해서 나를 채용해야 하는 이유를 제시해야 한다. 그러려면 먼저 자기 PR을 어떻게 해야 할지 생각해봐야 한다. 차별화된 자기 PR을 하려면 지원하는 편의점에 대해 철저하게 연구하고 분석해야 한다. 연구하고 분석하려면 편의점 경영주들을 만나봐야 한다. 이렇게 역산 스케줄링 마인드를 가지고 지금부터 해야 할 일을 찾아보니 지금 당장 해야 할 일이 명확해졌다.

> 우리 사회에서 가장 성공한 사람은
> 10년, 20년 후의 미래를 생각하는
> 장기적인 전망을 갖고 있는 사람들이었다.
> - 에드워드 밴필드

Q 반드시 실천하고 싶은 작은 목표 한 가지를 찾아보고, 역산 스케줄링을 활용해서 목표 달성 경로를 그려보자. 언제까지 끝낼 생각이고, 지금부터 해야 할 일은 무엇인가?

A 소감 및 변화

20   년   월   일

도미노처럼 이어지는
파생효과를 찾아보라!

영상을 보고 기억에 남는 문장 적어보기

_____

 아래 단락을 소리 내어 읽기

| 지렛대 06 | **파생효과**

종종 하던 일을 멈추고 생각할 시간을 가져보자. '이 일을 선택하면 어떤 일이 일어날까? 그리고 그 일은 어디로 이어질까?' 성공한 사람들은 실패한 사람들이 보지 못한 '저 너머'를 본다. 무슨 일을 하건 그냥 보지(see) 말고 멀리 내다보자(foresee)!

어떤 일이 일어나면 그 일로 인해 크고 작은 수많은 일이 일어나게 되는데 이를 파생효과라고 한다. 어떤 일의 실천 여부를 결정할 때 평범한 사람들은 즉각적인 욕구충족 여부에 기준을 둔다. 반면 성공하는 사람들은 장기적인 파생효과를 떠올리면서 단기적인 고통과 손해를 감수한다. 실행력을 극대화하는 방법 하나는 변화하지 못해 겪을 수 있는 최악의 끔찍한 상태와 변화를 시도해서 자신에게 일어날 수 있는 최고의 상태를 대비시키는 것이다. 이를 정신적 대비 기법이라고 한다. 반드시 달라지고 싶은가? 그렇다면 변화에 실패했을 때 일어날 최악의 부정적 파생효과를 상상해보자. 그리고 변화에 성공했을 때 일어날 최고의 긍정적 파생효과를 상상해보자.

식탁 정리만 하기로 했는데…

정리정돈, 청소, 독서, 영어 공부를 계속 미뤄두고 있는데 그중에서 정리정돈부터 하고 싶다. 집 안이 항상 난리다. 핑계는 많다. 바빠서, 피곤해서, 내일 해도 되니까 등등. 그래서 오늘은 당장 식탁 정리만 해보기로 했다. 식탁 위에 있는 우편물과 책부터 치웠다. 식탁이 넓어졌다. 그러자 싱크대도 깨끗이 치우고 싶어졌다. 싱크대에서 거실을 바라보니 왠지 깨끗한 싱크대와 어울리지 않았다. 그래서 거실을 치웠다. 아! 이런 것이 바로 '디드로 효과'구나! 프랑스 철학자 디드로가 어느 날 친구로부터 서재용 가운을 선물받고, 새 가운과 서재의 낡은 책상이 어울리지 않는다는 생각에 책상을 바꾸고, 그러다 보니 책장이며 시계 등 디드로 자신을 제외한 그 방의 모든 것을 새로 바꾸게 되었다는 그 디드로 효과! 하지만 오늘은 여기까지! 내일은 옷장을 치우고 화장실을 치우게 될 것 같다. 이렇게 식탁과 싱크대가 깨끗해지고 집 안이 정리정돈이 잘되면 아이들이 엄마의 정리정돈 습관을 따라할 테니 스트레스도 줄어들 것이다. 스트레스가 줄면 일이 즐거워질 것이고, 일이 즐거우면 아이들과 남편에게 친절해질 것이다. 가족들은 각자 학교에서, 직장에서 자기 할 일을 더 잘할 것이고 우리 집은 더욱더 행복해질 것이다.

> 그냥 보기(see)는 쉬워도
> 앞을 내다보기(foresee)는 어렵다.
> - 벤저민 프랭클린

Q 바꾸고 싶은 습관 한 가지를 찾아보자. 성공적인 변화에 따르는 최고의 파생효과는 무엇이고, 실패했을 때 일어날 최악의 파생효과는 무엇인가?

A 소감 및 변화

20   년   월   일

잘게 쪼개서
작게 시작하라!

영상을 보고 기억에 남는 문장 적어보기

 아래 단락을 소리 내어 읽기

| 지렛대 07 | **목표분할**

큰일을 할 수 있는 가장 좋은 전략은 작게 시작하는 것이다. 우리 몸은 한 번 발동이 걸리면 자동으로 작동되는 기계와 같아서 작게라도 일단 시작하면 저절로 진행이 된다. 너무 작아 도저히 실패할 수 없는 작은 일부터 시작하자!

보통 사람은 엄두도 못 내는 일을 해내는 사람들이 있다. 해야 할 일을 잘게 쪼개 당장 할 수 있는 작은 일로 만들기 때문이다. 하기 싫던 일도 일단 시작하면 그것이 계기가 되어 계속하게 되는 데 이를 작동흥분이론이라고 한다. 그래서 변화를 원한다면 너무 작아서 실패하기도 어려운 그런 작은 일부터 시도해야 한다. 누가 책을 쓰는가? 매일 한 줄씩 쓰는 사람이다. 누가 외국어를 유창하게 하는가? 날마다 한 문장씩 외우는 사람이다. 작게 나눌 수만 있다면 그 어떤 것도 어렵지 않다. 크게 이루고 싶다면 작게 시작해야 한다.

실천사례

Just for Today!

딸이 흡연과 관련된 행동 원리를 설명해줄 때만 해도 일이 이렇게 커질 줄 몰랐다. 며칠 후 교수님의 제안이라면서 딸과 함께 강의를 듣는 스무 명이나 되는 학생들의 사진이 포함된 금연 응원 편지를 받았다. 우연히 배운 담배를 20년 넘게 피우면서 수도 없이 금연을 시도했지만 모두 실패했다. 그래서 반포기 상태로 살고 있었는데 딸 친구들의 편지로 얼떨결에 담배를 끊게 될지도 모른다는 생각이 들었다. 일단 '딱 1주일만 끊어보자'는 생각으로 시작했다. 단주동맹의 첫 번째 행동강령, "Just for Today!"를 떠올리면서 하루하루를 버텼다. 하지만 담배를 끊으니 눈을 뜨면서부터 허전하고 불안해지기 시작했다. 식사 후에는 담배가 너무 피우고 싶어 안절부절못하기 일쑤였다. 밤에는 담배 생각에 잠도 오지 않았다. 3일째부터 정말 힘든 고비가 시작됐다. 신경이 예민해지고 우울해지면서 너무너무 견디기 힘들었다. 그러나 그때마다 딸 친구들의 사진을 보고 "오늘 하루만!"을 속으로 외치면서 의지를 다졌다. 진심을 담아 나를 응원해준 스무 명의 사랑스러운 내 아들딸들의 사진은 신기하게도 담배에 대한 갈망을 사라지게 하는 특효약이 되었다. 벌써 내 삶에 작은 변화들이 일어나고 있다.

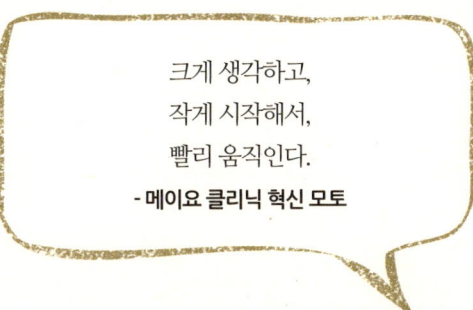

크게 생각하고,
작게 시작해서,
빨리 움직인다.
- 메이요 클리닉 혁신 모토

Q 엄두가 나지 않아 아직 시도하지 못하고 있는 일 한 가지를 찾아 그 일을 작게 쪼개보자. 당장 실천할 수 있는 가장 작은 일은 무엇인가?

A 소감 및 변화

결심했으면 즉시 실행하라!

실패하고 불행한 사람은 '내일' 하겠다고 말하고
성공하고 행복한 사람은 '오늘' 실천한다

 영상을 보고 기억에 남는 문장 적어보기

 아래 단락을 소리 내어 읽기

| 지렛대 08 | **즉시실천**

속도는 차별화의 가장 효과적인 수단이고 우위선점의 확실한 보장이다. 일어날까 말까 할 때는 벌떡 일어나고, 할까 말까 할 때는 즉시 시작하자. '나중'은 패자의 단어이고, '지금'은 승자의 단어다. 머뭇거리지 말고 즉시 시작하자!

부자들은 그렇지 않은 사람들에 비해 설문지 응답속도가 빠르다. 부자학 전문가 폴 매케나도 이렇게 말했다. 백만장자들은 어떤 일을 결심하면 24시간 안에 그 결심과 관련된 작은 일 하나라도 반드시 실천한다. 삶에서 가장 파괴적인 단어는 '나중'이고, 인생에서 가장 생산적인 단어는 '지금'이다. 실패하고 불행한 사람은 '내일' 하겠다고 말하고, 성공하고 행복한 사람은 '오늘' 실천한다. 그러므로 '나중'과 '내일'은 패자들의 단어이고, '지금'과 '오늘'은 승자들의 단어다. 미루지 말고 당장 실천해야 할 일은 무엇인가?

실천사례

어차피 먹어야 할 개구리라면…

어차피 먹어야 할 개구리라면 괜히 오랫동안 쳐다보지만 말고 부담스러운 개구리부터 먹어라. 정말 멋지고 재미있는 비유다. 나도 항상 계획을 짜지만 제대로 실천하는 것이 없고 머릿속은 복잡한데 뭐 하나 해내는 게 없다. 아침에 출근해 책상 앞에 앉으면 발등에 불이 떨어진 일부터 10년 후 내 미래를 위해서 해야 할 일까지 '실천'해야 할 많은 일들이 나를 기다리고 있다. 모두 삼키기 부담스러운 개구리들이다. 하지만 나는 중요한 일을 피하기 위해 중요하지 않은 일을 한다. 커피를 마시고, 포털사이트에서 뉴스를 검색하고…. 그러면 개구리들은 다시 내 옆에서 왔다 갔다 한다. '패자의 단어는 나중이고, 승자의 단어는 오늘'이라는 글을 읽고 지난주부터 어차피 먹어야 할 개구리라면 큰 것부터 삼키기로 했다. 요즘은 훗날 무언가 되기 위해서는 지금 무언가를 해야 한다는 사실을 깨닫고 날마다 실천하고 있다. 출근하면 뜸들이지 않고 바로 메모지에 '오늘 할 일 세 가지'를 적는다. 그리고 그중 하나를 정해 오른쪽에 표시하고 곧바로 그 일을 시작한다. 그러다 보면 또 다른 일을 바로 이어서 하게 된다. 지금 당장 실천하기, 어찌 보면 작은 일 같지만 그 작은 일이 내 인생에 얼마나 큰일로 이어질지는 아무도 모른다.

> 지금 할 수 있는 것을 지금 하라. 그러면 다음 것을 하기가 수월할 것이다. 첫발을 내딛으면 그다음 걸음은 쉽게 뗄 수 있다.
> - 사야도 우 조티카의 《마음의 지도》 중에서

Q 그동안 미루고 있던 중요한 일은 무엇이며, 오늘 밤 12시가 넘어가기 전에 반드시 실천할 일은 무엇인가?

A 소감 및 변화

20   년   월   일

실패를 각오하고,
실험정신으로 도전하라!

 영상을 보고 기억에 남는 문장 적어보기

 아래 단락을 소리 내어 읽기

| 지렛대 09 | 실험정신

실패란, 가설이 틀렸다는 것을 증명한 실험일 뿐이다. 변화해야 할 일을 실험이라고 생각하면 도전이 즐겁다. 하던 대로 하게 되면 얻던 것만 얻게 되고 같은 방법을 반복하면서 다른 결과를 얻을 수는 없다. 다른 것을 원한다면 다르게 시도하자!

실패나 거절에 대한 두려움을 극복할 수 있는 가장 좋은 방법은 그 일을 실험이라고 생각하는 것이다. 해결해야 할 문제가 생겼을 때 의식적으로 그 상황을 실험 대상이라고 규정하면 실패 가능성을 인정하고 시작하기 때문에 부담이 적고 도전하기가 쉬워진다. 늘 하던 대로 하면 늘 얻던 것만 얻게 된다. 남과 똑같이 하면서 남다른 삶을 살 수는 없고, 어제와 똑같이 오늘을 살면서 오늘과 다른 내일을 살 수는 없다. 남다른 삶을 살고 싶다면 남다르게 행동해야 하고, 오늘과 다른 내일을 살고 싶다면 어제와 다른 오늘을 살아야 한다. 인생은 실험의 연속이다. 하루 한 가지씩만 시도하자. One Day! One Experiment!

시도조차 하지 않으면 그냥 '백지'에 불과하기에...

실천사례

거실에서 TV를 치웠더니…

TV를 보는 시간이 너무 많다. 거실에 있던 TV를 없애고 큰 칠판을 세워 두기로 했다. 주변 사람들이 "집에 TV가 없다니, 말이 되냐?", "퇴근하고 집에 돌아오면 심심할 텐데…" 등등의 반응을 보였지만, 그래도 우리는 실험에 착수했다. TV를 치운 후의 득실을 비교해보자. 첫째, 시간이 남아돈다. 그래서 그 시간에 중요한 일을 더 많이 할 수 있다. 예전에는 집에 오자마자 TV를 켜고 그 앞에 앉아 재미가 없어도 멍때리면서 계속 보았다. 그러면 하루 종일 아무것도 한 것 없이 밤이 되었고 남는 것도 없이 수면 시간만 줄어든다. 둘째, 자극적인 뉴스와 정보를 접하지 않아 마음이 고요해진다. 뉴스에서는 꼭 알지 않아도 되는 자극적인 뉴스가 많다. 셋째, TV를 많이 보면 광고에 너무 노출되어 물건을 별생각 없이 사게 되는 경우가 많다. 하지만 지금은 객관적으로 물건의 질과 가격을 따져서 구입한다. 넷째, 우리는 지금 TV수신료를 내지 않는다. 그리고 TV와 관련된 비용이 전혀 들어가지 않기 때문에 나름대로 돈이 많이 절약된다. 거실에서 겨우 TV 하나 치우는 실험을 했을 뿐인데 우리 부부의 삶이 이전보다 훨씬 더 풍요로워졌다.

> 한 번도 실수를 해보지 않은 사람은
> 한 번도 새로운 것을
> 시도한 적이 없는 사람이다.
> **- 아인슈타인**

Q 지금까지와 다른 삶을 살고 싶다면, 지금까지와 다르게 행동해야 한다. 실험정신을 가지고 새롭게 시도할 일 한 가지를 찾아보자. 새롭게 시도했을 때 일어날 수 있는 긍정적인 변화들은 무엇인가?

A 소감 및 변화

20   년   월   일

돌발 상황을 예상하고
플랜-B를 마련하라!

 영상을 보고 기억에 남는 문장 적어보기

 아래 단락을 소리 내어 읽기

| 지렛대 10 | 백업플랜

모퉁이를 돌기 전까지는 거기에 무엇이 기다리고 있는지 아무도 알 수 없다. 하지만 어떤 일이 기다리고 있을지 예상하고 미리 대비책을 마련해둔 사람과 그렇지 못한 사람이 나중에 겪게 될 일은 완전히 다르다. 어떤 변화를 시도하건 백업플랜을 준비하자!

누구보다 용맹무쌍했던 정복자 나폴레옹은 이렇게 말했다. "작전을 세울 때 나는 세상에 둘도 없는 겁쟁이가 된다." 모든 위험 요인을 예상하고 이에 대비하지 못하면 전쟁에서 절대 승리할 수 없기 때문이다. 성공한 사람들은 무엇을 결심하건 가능한 돌발 사태를 모두 예상해본다. 그리고 액션플랜과 함께 그에 대한 대비책을 준비한다. 변화를 실천하는 과정에서도 돌발 사태에 대한 대비책이 필요한데, 이를 백업플랜이라고 한다. 결심이 실패로 끝났는가? 제대로 된 액션플랜과 백업플랜을 준비하여 다시 도전하면 된다. 인생은 실패할 때 끝나는 것이 아니라 포기할 때 끝나는 것이다.

열쇠를 '하나'가 아닌 여러 개 만드는 까닭은...

돌발 상황에도 포기하지 않기 위한 '사전 준비'다...

실천사례

대상포진에 걸렸다는 핑계를 대면서

나는 습관적으로 술을 마시는 아주 나쁜 버릇이 있다. 스트레스를 받아서, 피곤해서, 심심해서, 친구들이 불러서, 회식 때문에 등등 수도 없이 많은 이유로 하루가 멀다 하고 술을 마신다. 이직 계획도, 영어 공부도, 자기계발도, 운동도 모두 작심삼일로 끝나는데 그 문제의 중심에는 항상 술이 있다. 절주의 모멘텀을 만들어 자기관리 능력을 기르기 위해 일주일만 금주를 단행해보기로 했다. 그런데 주말에 친구네 집들이가 있어서 술을 마시게 될 가능성이 있으므로 이에 대한 대비책, 백업플랜을 마련했다. 플랜-A, 즉 액션플랜은 집들이에서 절대 술을 마시지 않겠다는 것이다. 플랜-B는 술 마시는 분위기를 낼 수 있지만 실제 알코올 성분이 없는 무알코올 샴페인을 사가는 것이다. 플랜-C는 친구들이 보는 앞에서 대상포진 약이라면서 비타민을 먹는 것이다. 그래도 계속 권하는 사람이 있을 때를 대비하여 플랜-D를 준비했다. 그것은 내가 술을 끊어야 하는 이유를 진심을 담아 설명하고 양해를 구하는 것이다. 그날은 가장 심플한 플랜-C를 사용해서 무사히 금주 결심을 지킬 수 있었다. 대상포진에 걸렸다고 선의의 거짓말을 하면서 비타민을 대상포진 치료제라고 먹으니까 아무도 술을 권하지 않고 자기들끼리 마셨다.

> 사전일책(事前一策)이
> 사후백책(事後百策)보다 낫다.
> **- 기타가타 젠지**

Q 실천하고 싶은 작은 결심 한 가지를 찾아보자. 그리고 그 결심을 실천하기 위한 액션플랜과 실천을 방해할 수 있는 돌발 사태 및 그에 대한 백업플랜은 무엇인가?

A 소감 및 변화

20   년   월   일

의지력을 시험하지 말고, 상황의 힘을 역이용하라!

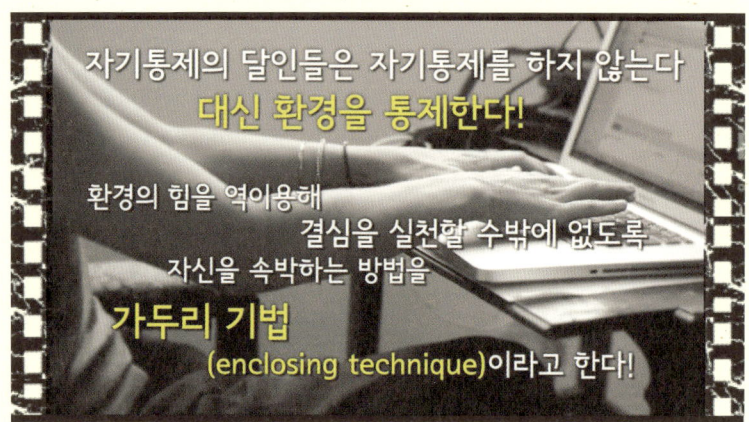

영상을 보고 기억에 남는 문장 적어보기

─────────────────────────────

 아래 단락을 소리 내어 읽기

| 지렛대 11 | **상황통제**

자기통제의 달인들은 진땀을 빼면서 자기통제를 하지 않는다. 대신 그들은 상황의 힘을 역이용해 유혹을 원천봉쇄하고 실천할 수밖에 없는 상황을 조성한다. 변화를 포기하지 못하도록 퇴로를 차단하자! 어쩔 수 없이 실천할 수밖에 없도록 사전조치를 취하자!

박테리아에서부터 인간에 이르기까지 모든 생물체는 자극의 영향을 받는다. 그러므로 우리 자신을 통제하려면 먼저 우리를 통제하고 있는 상황의 힘을 인정하고 그 상황의 힘을 역이용할 수 있어야 한다. 자기통제의 달인은 진땀을 빼면서 자기를 통제하지 않는다. 대신 그 일을 할 수밖에 없는 환경을 조성한다. 정말 해야 할 일이 있다면 퇴로를 차단하고 스스로를 가두고라도 그 일을 할 수밖에 없게 만들어야 한다. '옳은 이유'만으로는 실천하기 어렵다면 '어쩔 수 없는 이유'로 실천하면 된다.

자신을 스스로 '가두는 것'은...

감옥이 아닌 자기 '통제'다...

실천사례

돼지우리 개조 프로젝트!

어떤 재치 있는 주부가 가끔 일부러 친구들을 초대해서 하기 싫은 집 청소를 해치운다는 사례를 책에서 읽고, 나도 '돼지우리 개조 프로젝트'를 시도해보기로 했다. 내 자취방은 말 그대로 돼지우리라고 해도 과언이 아니다. 치워야지, 치워야지 하면서도 편한 대로 살다 보니 점점 더 지저분해진 것 같다. 옳은 이유로 실천할 수 없다면 어쩔 수 없는 이유를 동원하자! 그래서 남자친구를 초대해서 방을 치울 수밖에 없는 이유를 만들기로 했다. 남자친구가 집 앞까지 데려다준 적은 있지만 집에는 들어온 적이 없다. 그래서 이번 기회에 내 방도 구경시켜주고 맛있는 것도 해줄 생각이다. 남자친구에게 이런 더러운 방을 보여줄 수는 없으니 어쩔 수 없이 방을 깨끗이 치울 수밖에 없었다. 어질러진 옷들도 정리하고, 지저분한 화장대 위와 책상 위도 정리하고, 거실과 부엌도 깔끔하게 치웠다. 남자친구에게 보여준다고 생각하니 신이 나서 피곤한 줄도 모르고 청소를 마쳤다. 속도 모르는 여동생은 사람이 바뀌어도 이렇게 바뀔 수가 있냐면서 혹시 어디 아픈 거 아니냐고 물었다. 남자친구가 돌아가고 난 다음에는 더 이상 방을 어지럽히지 않도록 '눈 사진'을 붙여두고 남자친구를 워치독(감시견)으로 활용하고 있다.

> 실천력이 뛰어난 사람은
> 행동에 지대한 영향을 주는
> 상황의 힘을 무시하지 않는다.
> - 스티브 레빈슨

Q 하지 말아야 할 일이 있다면 그쪽으로 도망치지 못하도록 퇴로를 차단하자. 해야 할 일이 있다면 그 일을 할 수밖에 없도록 가두리를 설치하자.

　　빅토르 위고: "해가 질 때까지 절대 나에게 옷을 갖다 주지 마라!"
　　작가 이외수: "이 원고를 탈고할 때까지 절대 문을 열어주지 마시오!"

　　그렇다면… 나는 가두리 기법을 어떻게 활용할 수 있을까?

A 소감 및 변화

은밀하게 결심하지 말고, 공개적으로 선언하라!

영상을 보고 기억에 남는 문장 적어보기

 아래 단락을 소리 내어 읽기

| 지렛대 12 | **공개선언**

결심을 번복하려면 아무도 눈치채지 못하게 은밀하게 하면 된다. 하지만 반드시 실천하고 싶다면 온 세상이 알게 하자. 사람은 자기가 내뱉은 말을 고수하려는 심리가 있다. 속으로만 다짐하지 말고 만천하에 공표하자! 지키지 못했을 때 치러야 할 끔찍한 대가도 공개하자!

생각을 공개적으로 선언하면 행동으로 실천할 가능성이 현저히 높아지는데, 이를 공개선언 효과라고 한다. 그동안 은밀하게 결심해서 결심이 흐지부지되었다면 결심을 만천하에 공개해야 한다. 공개선언 효과는 자신을 바꿀 때뿐 아니라 다른 사람들을 바꿀 때도 매우 유용하게 활용할 수 있다. 가능한 한 널리, 다양한 방법으로 공개하자. 실천하지 못했을 때 치러야 할 대가도 함께 공개하자. 스스로 변화하기 위해, 그리고 누군가를 변화시키기 위해 공개선언의 효과를 어떻게 활용하겠는가?

공개란 앞이고 감추는 것은 뒤다. 그래서 뒤는 '미지수'다...

살을 못 빼면
파혼을 하겠다

여자친구가 오래전부터 제발 살 좀 빼라고 했지만 이런 핑계 저런 핑계를 대며 미루고 있었다. 얼마 전 돼지랑 살고 싶지 않다는 여자친구의 말을 듣고, 자존심이 상해 정말 살을 빼기로 결심했다. 그래서 전공 동기들과 선후배, 가족, 교회 청년부 친구들과 여자친구가 볼 수 있도록 이메일과 카톡, 블로그에 결심을 공개했다. 결혼식 일주일 전까지 10kg을 감량할 것이며 약속을 지키지 못하면 파혼하겠다고 선언했다. 사람들의 반응은 "말도 안 돼, 그런 것을 걸다니", "내가 널 아는데…"라는 식으로 나를 자극하기도 하고, "잘 해봐라, 파이팅!" 하며 응원하기도 하는 등 다양한 반응을 보였다. 매일 몸무게를 측정하고, 월요일마다 그래프를 그려 인증샷을 찍은 후 블로그에 올리고 카톡과 문자로 사람들에게 알렸다. 추가로 교회 친구들에게 체중 감량 과정을 알리고 공개선언 효과에 대해 설명한 후 희망자 지원을 받아 체중 감량 프로젝트에 동참시켰다. 다이어트 코치를 하다 보니 나도 살을 빼지 않을 수가 없었다. 그리하여 결혼식 일주일 전까지 무려 12kg이나 감량해 무사히 결혼식을 치르고 지금은 행복한 결혼생활을 하고 있다.

> 자신의 생각을 다른 사람들에게
> 공개하게 되면, 사람들은 어쩔 수 없이
> 그렇게 행동해야 한다는
> 심리적 압박을 받게 된다.
> - B. R. 보노마

Q 은밀하게 결심해서 실패한 결심은 무엇인가? 누구에게 어떻게 선언하면 그 결심을 성공적으로 실천할 수 있겠는가?

A 소감 및 변화

20   년   월   일

마감 시한을 앞당겨 데드라인을 재설정하라!

 영상을 보고 기억에 남는 문장 적어보기

 아래 단락을 소리 내어 읽기

| 지렛대 13 | **데드라인**

실천력이 뛰어난 사람은 두 개의 데드라인(개시 데드라인과 종료 데드라인)으로 주어진 마감 시한을 자기만의 데드라인으로 재설정한다. 시작을 미루는가? 개시 데드라인을 정해보자! 마무리가 어려운가? 종료 데드라인을 앞당겨보자!

실패하는 사람은 남이 정한 데드라인에 따라 수동적으로 살아가기 때문에 발등에 불이 떨어져야 메뚜기처럼 이리 뛰고 저리 뛴다. 반면 성공하는 사람들은 데드라인을 앞당겨 자기만의 데드라인으로 재설정한다. 실행력이 뛰어난 사람들은 '종료 데드라인'과 함께 '개시 데드라인'을 갖고 있다. 시작을 미루는가? 개시 데드라인을 정해보자. 마무리가 어려운가? 종료 데드라인을 앞당겨보자. 궤도 이탈을 방지하려면 무슨 일이든 반드시 데드라인을 정해야 한다. 누군가에게 요청할 때도 모호하게 요청하지 말고 해야 할 일을 명확하게 정해주고, 데드라인을 분명하게 알려줘야 한다.

실천사례

짧은 시간,
놀라운 집중의 효과

자격증 시험을 보러 버스를 타고 시험장으로 향하는 길이었다. 자리를 잡고 앉아 시험 공부를 좀 해볼까 했는데, 영 남세스러웠다. 그저 오늘 시험에서는 그동안 공부한 내용이 나왔으면 좋겠다는 바람과 함께 멍하니 창밖을 내다보며 시간을 보내고 있었다. 그런데 나중에 탄 사람이 내 앞자리에 앉자마자 시험문제집을 꺼내서 보기 시작했다. 순간 내가 이럴 때가 아니라는 생각이 들었다. 데드라인(deadline)이라는 말이 원래 넘지 말아야 할 선, 죄수가 넘으면 총살당하는 선, 즉 문자 그대로 죽음의 선(死線)이라는 의미임을 떠올리고 용기를 내서 문제집을 꺼냈다. 시간을 보니 앞으로 한 시간은 더 버스를 타고 가야 했다. 한 시간 안에 문제집을 다 훑어보지 못하면 그야말로 총살을 당한다고 상상하면서 훑어봤다. 그러자 집중이 엄청나게 잘 되었다. 버스가 어디를 지났는지 전혀 기억이 안 날 정도였다. 그리고 드디어 시험장에 들어가서 시험을 치렀다. 그런데 이게 웬일인가? 버스 안에서 본 문제들 대부분이 시험에 나왔다. 버스 안에서 집중하며 기억한 대로 시험을 치렀더니 당연히 합격! 지금 생각해도 정말 감격의 도가니다. 버스에서 문제집을 펼치는 순간부터 버스에서 내릴 때까지로 데드라인을 확실히 정하고 집중한 결과다.

> 데드라인을 정해놓고
> 매진하는 사람에게는
> 오히려 목표가 다가온다.
> - 폴 J. 마이어

Q 실천력이 뛰어난 사람의 마음속에는 두 개의 데드라인이 있다. 당장 실천해보고 싶은 일 한 가지를 찾아보자. 개시 데드라인과 종료 데드라인을 어떻게 적용하겠는가?

A 소감 및 변화

20   년   월   일

임계점을 가정하고
한계돌파를 시도하라!

 영상을 보고 기억에 남는 문장 적어보기

 아래 단락을 소리 내어 읽기

| 지렛대 14 | 한계돌파

많은 사람들이 중도에 실패하는 이유는 성공을 코앞에 두고 그만두기 때문이다. 인간관계든 비즈니스든 모든 변화에는 넘기 어려운 벽이 존재한다. 하지만 그 벽을 돌파하기만 하면 완전히 새로운 세계가 열린다. 무엇에 도전하든 임계점을 가정하고 한계돌파를 시도하자!

물은 섭씨 100도가 되어야 끓는다. 인간관계든 비즈니스든 99도에서 멈추느냐, 100도를 넘기느냐, 그 1도의 차이가 성패를 결정한다. 할 만큼 했다는 생각이 들 때, 여기까지가 한계라고 생각하여 포기하고 싶어질 때가 있다. 이때 명심할 점이 있다. 첫째, 모든 가능성을 다 시도했다 할지라도 여전히 가능성은 남아 있다. 둘째, 겉으로는 가시적인 변화가 보이지 않아도 내면에서는 조금씩 변화가 일어나고 있다. 셋째, 계속 시도하다 보면 '이 상태'에서 '저 상태'로 갑자기 바뀌는 순간, 즉 임계점이 도래한다. 마지막 1도를 넘겨 한계를 돌파하면 다른 세상이 열린다.

영업은
연애와 같다

저는 제약회사에서 영업을 합니다. 제약회사 영업은 매우 가혹한 직종입니다. 물론 제품이 좋아야 하지만, 병원 측과의 관계에 따라 실적이 많이 좌우됩니다. 거래를 처음 트는 것이 얼마나 힘든지 모릅니다. 작년에는 수도권의 어느 중형 종합병원과 거래를 성사시키기 위해 온 힘을 쏟았습니다. 그런데 그 병원 원장님은 워낙 고집이 센 데다가 쉽게 만나주지도 않았습니다. 하지만 저는 6개월 동안 매주 한 번씩 찾아갔고, 우리 제품의 우수성을 설명했으며, 성실하게 제품을 공급하겠다는 약속도 했습니다. 아예 만나주지도 않는 날에는 솔직히 너무 힘들어서 그 병원은 포기할까도 생각했습니다. 그렇지만 "영업은 연애와 같다. 누가 처음부터 '당신을 기다리고 있었다'며 선뜻 받아주겠나" 하는 생각으로 임계점을 가정하면서 포기하지 않고 찾아갔습니다. 그러던 어느 날 그 병원 원장님한테서 연락이 왔습니다. 그동안 거절할 때마다 제가 어떤 태도를 보이는지 쭉 지켜보았고, 저에 대한 평을 다른 병원 원장한테 들었다면서 거래를 해보자고 했습니다. 그 병원과의 거래는 회사에서도 확실하게 인정받는 계기가 되었습니다. 돌이켜보니, 그 병원 원장님은 저를 계속 무시하면서 제가 임계점을 넘길 수 있는 그릇인지를 시험해보았던 것입니다.

> 어떤 사람들은 목표에 거의 도달했을 때 계획을 포기한다. 다른 사람들은 반대로 마지막 순간에 그 어느 때보다도 강력한 노력으로 승리를 쟁취한다.
> - 헤로도토스

Q 사람들은 결코 실패하지 않는다. 하다가 중도에 그만둘 뿐이다. 임계점을 가정하고 다시 도전해보고 싶은 일은 무엇이고, 임계점에 도달할 때까지 어떻게 도전할 것인가?

A 소감 및 변화

20   년   월   일

미래로 미리 가서, 현재의 자신을 격려하라!

 영상을 보고 기억에 남는 문장 적어보기

 아래 단락을 소리 내어 읽기

| 지렛대 15 | **자기격려**

묵묵히 탁월한 성과를 내는 사람은 남들이 쉽게 포기하는 고난도의 일에 도전하며 성취감을 느낀다. 그들은 보상이나 평가에 연연하지 않고 스스로를 격려하는 비결이 남다르다. 꿈을 이룬 미래로 가보자! 현재의 나를 바라보며 진지하게 조언하고 따뜻하게 격려하자!

거듭된 실패에도 포기하지 않으려면 우리에게 용기를 북돋아주는 사람들이 있어야 한다. 자신감을 갖고 다시 도전하려면 누군가의 따뜻한 격려가 있어야 한다. 하지만 그런 사람들이 누구에게나 있는 것은 아니다. 있다고 해도 필요할 때 언제나 격려를 받을 수 있는 것도 아니다. 우리가 필요할 때 우리를 격려해줄 가장 확실한 사람은 바로 우리 자신이다. 가장 효과적인 자기격려는 원하는 것을 이미 이룬 미래의 자기가 현재의 자기에게 해주는 격려다. 꿈을 이룬 미래의 자신을 만나보자. 그리고 현재의 자신이 다시 도전할 수 있도록 진지하게 조언하고 따뜻하게 격려하자.

고마워, 나의 20대야!

50세인 일요일 아침. 감미로운 음악이 나를 깨운다. 고소한 커피향이 집 안에 가득하다. 주방에서는 남편이 아침을 준비하고 그 옆에 아이 둘이 거들고 있다. 어제 내 강연회에 처음 참석했던 작은아이가 "엄마, 어제 강연 정말 멋졌어요!"라고 하자, 큰아이도 "사람들이 그렇게 많이 온 거 보고 정말 신기했어요!"라고 보탠다. 내 20대야, 많이 힘들지? 아버지는 사업에 실패한 후 술로 하루하루를 보내고 엄마 혼자서 식당 일을 하며 식구들의 생계를 책임지고 있으니. 너는 대학을 포기하고 돈을 벌겠다는 생각도 했지만 엄마가 말려서 이를 악물고 공부하고 있지? 장하게도 장학금을 받으면서도 아르바이트로 번 돈을 허투루 쓰지 않고 엄마에게 드리고 있네? 고맙구나. 너무 힘들어 억울하다는 생각도 들지? 그럼에도 너는 좌절하거나 포기하지 않고, 항상 밝고 명랑하게 지내려고 노력하고 있구나. 역경을 뒤집으면 경력이 된다. 남다른 경력을 가진 사람은 모두 남다른 역경을 이겨낸 사람들이야. 20대의 네가 있었기에 지금의 나는 정말 많은 사람들의 희망이 되고 있다. 오늘은 500명의 고등학생들에게 "네 꿈에 희망의 날개를 달아라!"는 주제로 강연을 했어. 네가 꿈을 이루면 그건 또 누군가의 꿈이 된다는 너의 생각이 현실로 이루어졌어. 자랑스럽고 고마워, 나의 20대야!

> 자기 자신을 소중히 여기지 않으면
> 어떠한 일도 제대로 할 수 없고,
> 그 누구도 소중히 여길 수 없다.
> - 스펜서 존슨

Q 해이해지는 마음을 다스리는 가장 효과적인 방법의 하나는 미래로 미리 가서 자신에게 편지를 쓰는 것이다. 힘들어하는 현재의 그대에게 어떻게 용기를 주고 격려를 하겠는가?

A 소감 및 변화

_____ 년 후의 _____ 가
오늘의 _____ 에게